BEI GRIN MACHT SICH IHR WISSEN BEZAHLT

AF153430

- Wir veröffentlichen Ihre Hausarbeit,
  Bachelor- und Masterarbeit

- Ihr eigenes eBook und Buch -
  weltweit in allen wichtigen Shops

- Verdienen Sie an jedem Verkauf

Jetzt bei www.GRIN.com hochladen und kostenlos publizieren

Friedrich II. und die Welt. Friedrich II. – Die Proklamation als Versöhnungsgesuch

Anonym

Bibliografische Information der Deutschen Nationalbibliothek:

Die Deutsche Nationalbibliothek verzeichnet diese Publikation in der Deutschen Nationalbibliografie; detaillierte bibliografische Daten sind im Internet über http://dnb.d-nb.de abrufbar.

ISBN: 9783389111703
Dieses Buch ist auch als E-Book erhältlich.

© GRIN Publishing GmbH
Trappentreustraße 1
80339 München

Druck und Bindung: Books on Demand GmbH, Norderstedt Germany
Gedruckt auf säurefreiem Papier aus verantwortungsvollen Quellen

Das Buch bei GRIN: https://www.grin.com/document/1561264

Inhaltsverzeichnis

1   Einleitung

„Einen Tag später, am 25. Juli, ließ er sich vom Mainzer Erzbischof am rechten, durch eine lange Tradition bestimmten Ort, in der Marienkirche, der Pfalzkirche Karls des Großen, krönen und weihen und zu Karls ehrwürdigem Thronsitz geleiten."[1]

Es ist der Anfang einer langen Geschichte. Ein Kaiser mit schwieriger Kindheit, der zwischen zwei Päpsten, zwei Exkommunikationen und dem Traum seiner Vorfahren das Heilige Land zu befreien, versucht seinen Anspruch auf die Kaiserwürde zu verteidigen. Die Kreuzzüge sind ein wichtiges und sehr gut erforschtes Themengebiet der europäischen bzw. christlichen Geschichte. Doch keiner der Kreuzzüge gleicht dem Friedrichs II. Ein gesalbter heiliger-römischer Kaiser, der im Streit mit dem Papst als Exkommunizierter das Heilige Land zurückfordert. Zu erwähnen bleibt dabei, Friedrich II. habe sein Ziel auf politischem Wege erreicht.[2] Eine Seltenheit in der blutigen Geschichte der Kreuzzüge. Am 17. März 1229 erreicht Friedrichs Vorhaben, mit dem Einzug in die Stadt, sein ersehntes Ende.[3] Am nächsten Tag präsentiert er sich in der Grabeskirche mit der Krone Jerusalems. Folgend verbreitet er den Verlauf und Triumph seiner Bestrebung in einem Rundschreiben. In der Forschung nennt man es auch das Manifest[4] oder das Schreiben *Letentur in Domine*[5]. In dieser Arbeit soll betrachtet werden, ob jenes Rundschreiben Friedrichs II. als Versöhnungsgesuch betrachtet werden sollte oder als Provokation gegenüber dem Papst. Um eine Basis zu schaffen, beginne ich meine Ausführung mit einer kurzen Erläuterung der Vorgeschichte um den Kreuzzug Friedrichs II. Das Hauptaugenmerk der Arbeit konzentriert sich jedoch auf die Analyse und die Interpretation des Manifests. Abschließend gehe ich genauer auf die Fragestellung ein und fasse die Ergebnisse kurz zusammen. Quellengrundlage ist das Rundschreiben aus Historia

---

[1] Vgl. Stürner, Wolfgang, Friedrich II., 1 Die Königsherrschaft in Sizilien und Deutschland, 1194-1220, Darmstadt: Primus-Verlag, 2003 S. 172.

[2] Vgl. Houben, Hubert, Kaiser Friedrich II. (1194–1250). Herrscher, Mensch, Mythos. Stuttgart 2008 S. 51.

[3] Vgl. Stürner, Wolfgang, Friedrich II., 2 Der Kaiser 1220-1250, Darmstadt: Primus-Verlag, 2003 S. 157.

[4] Vgl. Mayer, Hans Eberhard, Geschichte der Kreuzzüge. 10. Ausgabe, Stuttgart: Kohlhammer, 2005, S. 278.

[5] Vgl. Sommerlechner, Andrea, Stupor mundi?. Kaiser Friedrich II. und die mittelalterliche Geschichtsschreibung, Wien: Verl. der Österreichischen Akademie der Wissenschaften, 1999 S. 307.
Hechelhammer, Bodo: Kreuzzug und Herrschaft unter Friedrich II. Handlungsspielräume von Kreuzzugspolitik (1215–1230) (= Mittelalter-Forschungen. Band 13). Ostfildern: Jan Thorbecke Verlag, 2004 S. 301.

diplomatica Friderici secundi von Huillard-Bréholles. Für die Analyse der Quelle wird aus der Übersetzung von Eickels zitiert.

In den Biografien Friedrichs II. spielt die Kreuzzugsthematik eine signifikante Rolle.[6] Dabei herrscht Übereinstimmung bei den Überlieferungen. Nur die Deutung unterscheidet sich von Autor zu Autor und von Zeit zu Zeit. Das beste Beispiel dafür ist die Interpretation der Krönungsszene vom 18. März.1229, auf die ich mich im Laufe der Arbeit noch einmal beziehen werde. An der Zählung der Kreuzzüge, so Hechelhammer, kann man ebenfalls erkennen, „[w]ie disparat der Stellenwert des Kreuzzugs Friedrichs II. an sich in der Kreuzzugsforschung angesehen wird".[7] Manche Historiker sehen die Unternehmung nach Damiette und den Feldzug Friedrichs II. als den fünften Kreuzzug an. In dieser Arbeit wird der Nummerierung von Mayer und Runciman gefolgt, womit die beiden Vorstöße als eigene Kreuzzüge behandelt und Friedrich II. den sechsten Kreuzzug anführte. Anlässlich des 800. Geburtstags Friedrichs II. erscheinen im Gedenkjahr 1994 einige neue Publikationen. Dabei spielt der Stellenwert Friedrichs Kreuzzugs eine geringe Rolle. Seitdem gab es einige Überarbeitungen älterer Werke, die zu neuen Auflagen führten.[8] Doch auch neue Fachliteratur und Aufsätze sind seit dem Gedenkjahr publiziert worden. Hubert Houben und Olaf Rader lieferten eine neue Gesamtübersicht, die als Biografien angesehen werden können. Auch international werden die Geschehnisse um Friedrich analysiert und diskutiert. So ist beispielsweise die Monografie Richard Cassadys oder der Aufsatz Thomas Smiths zu benennen.[9]

---

[6] Vgl. Abulafia, David, Frederick II. A Medieval Emperor, London: Allen Lane The Penguin Press, 1992., Houben, Kaiser Friedrich II. (1194–1250), 2008. Kantorowicz, Ernst, Kaiser Friedrich der Zweite, Berlin 1927., Rader, Olaf B., Kaiser Friedrich II., München: C.H. Beck, 2012., Stürner, Wolfgang, Friedrich II., 2 Der Kaiser 1220-1250, 2003.

[7] Z. Hechelhammer, Kreuzzug und Herrschaft unter Friedrich II. S. 12.

[8] Beispielhaft nennbar sind dabei die bereits erwähnten Werke von Runciman und Mayer, sowie Stürner. Knut Görichs Buch gibt uns aus dem Jahr 2019 eine brandaktuelle überarbeitete Fachliteratur über das Leben der Staufer , vgl. Runciman, Steven, Geschichte der Kreuzzüge, übersetzt von Peter de Mendelssohn, München: C.H. Beck, 2019, Mayer, Geschichte der Kreuzzüge, 2005, Stürner, Wolfgang, Friedrich II., 2 Der Kaiser 1220-1250, 2003, Görich, Knut, Die Staufer. Herrscher und Reich, 4. Auflage, München: C.H. Beck, 2019.

[9] Im Jahr 1996 erschien eine Sammlung von verschiedenen Aufsätzen, die aus Anlass des Gedenkstages 1994 verfasst worden. Dabei arbeiteten deutsche und italienische Historiker zusammen, was u.a. das anhaltende Interesse Italiens im Hinblick Friedrichs II. zeigt. Vgl. Esch, Arnold/ Kamp, Norbert, Friedrich II. und der Kreuzzug, in: Friedrich II.. Tagung des Deutschen Historischen Instituts in Rom im Gedenkjahr 1994, Tübingen: Niemeyer, 1996

2 Der Kreuzzug Friedrichs II.

Am 25. Juli 1215 bricht ein denkwürdiger Tag für den jungen Friedrich an. Nach seinem anstrengenden Weg zur Autorität als Herrscher, durchlief er bereits mehrere Königskrönungen.[10] Doch jene besondere Krönung fand in Aachen statt und geleitet ihn somit in die Fußstapfen seiner Vorfahren, wie auch Karls des Großen.[11] Mit dem Festtag des Jakobus, dem Schutzherrn der Pilger und Kreuzfahrer, wurde der passende Tag für eine Krönung ausgewählt.[12] Denn mit der Krone nahm Friedrich auch das Kreuz entgegen und verpflichtete sich somit an dem künftigen Kreuzzug.[13] Mit der Kreuznahme versprach sich Friedrich die Unterstützung des Papstes. Mit ihm an seiner Seite war nicht nur seine künftige Kaiserkrönung, sondern auch die Sicherung seiner Nachfolge in Deutschland ein großes Stück näher gerückt. Nach Jahren der Verhandlungen wurde Friedrich II. am 22. November 1220 in der Peterskirche zum Kaiser gekrönt.[14] Der Kreuzzug zog sich bisher hinaus. Somit nahm er bei seiner Kaiserkrönung erneut das Kreuz und erneuerte sein Gelübde. Doch auch fünf Jahre nach seiner ersten Kreuznahme steht es unwahrscheinlich um ein Aufbrechen Friedrichs. In der Zwischenzeit zog ein Kreuzfahrerheer gegen Ägypten aus und nahm schließlich am 05. November 1219 Damiette ein.[15] Der deutsche Kaiser ermahnte das Kreuzfahrerheer in der Stadt zu bleiben und mit weiteren Entscheidungen zu warten bis er in Ägypten angekommen sei.[16] Doch jener Aufbruch verzögerte sich weiter, da die Neuordnung Siziliens der kaiserlichen Aufsicht benötige.[17] Obwohl Friedrich unterstützende Mittel wie Schiffe und Truppen lieferte, hielt er sein Gelübde nicht ein. Dieser Grund und weitere Gründe, wie Führungsstreitigkeiten im Heiligen Land oder auch umdisponierte Pläne Honorius III. führten letztendlich zur Niederlage des fünften Kreuzzuges und der Rückgabe von Damiette.[18] Die Schuldzuweisungen zwischen Kaiser und Kirche waren vorprogrammiert. Anschließende Kreuzzugsverhandlungen,

---

[10] Vgl. Houben, Kaiser Friedrich II. (1194–1250), S. 35.
[11] Vgl. Görich, Die Staufer, 2019, S. 93.
[12] Vgl. Houben, Kaiser Friedrich II. (1194–1250), S. 35.
[13] Vgl. ebd.
[14] Vgl. Görich, Die Staufer, 2019, S. 94.
[15] Vgl. Runciman, Geschichte der Kreuzzüge, 2019 S. 938, Der Kreuzzug nach Damiette wird in der Geschichtsforschung als der fünfte Kreuzzug angesehen.
[16] Vgl. Hechelhammer, Kreuzzug und Herrschaft unter Friedrich II. S. 120.
[17] Vgl. ebd. S. 125.
[18] Vgl. Mayer, Geschichte der Kreuzzüge, 2005, S. 267.

für einen weiteren Versuch Jerusalem zurückzufordern, begannen. In der Hoffnung auf einen gesteigerten Ehrgeiz initiierte Honorius die Ehe zwischen Friedrich II. und Isabella von Brienne. Nach dem Gesetz Jerusalems geht nach der Heirat der Tochter des Königs von Jerusalem die Herrschaftsrechte an den Ehegatten, womit Friedrich den Titel jerusalem rex erhielt und in Folge dessen einen Anspruch auf das Königreich besaß.[19] Im Vertrag von San Germano 1225 wurde der Aufbruch zum Kreuzzug in das Jahr 1227 gelegt.[20] Nach vielen Aufschüben von Seiten Friedrichs in den letzten Jahren, wurde ihm die Exkommunikation angedroht im Falle einer erneuten Nichteinhaltung. In jenem Jahr 1227 starb Honorius III. und Papst Gregor IX. übernahm sein Amt.[21] Der einstige Kardinal aus dessen Händen Friedrich, bei seiner Kaiserkrönung, das Kreuz nahm. Obwohl Friedrich II., trotz eines Seuchenausbruchs im Heerlager, 1227 die Kreuzfahrt aufnimmt, zwingt in diese zurück an die Küste Europas.[22] Verärgert verhängt Gregor IX. den Kirchenbann über Friedrich II. Unbeirrt begibt sich Friedrich II., zu der Überraschung des Papstes, 1228 auf den Weg in die Levante. „Nur durch einen Erfolg im Osten konnte er seine abendländische Herrschaft sichern und erhöhen."[23] Mit seiner Landung am 07. September 1228 in Akkon begann der Kaiser jedoch keine großen militärischen Aktionen.[24] In dem Wissen der Unterlegenheit führte Friedrich II. diplomatischen Austausch mit dem Ayyubiden-Sultan al-Kamil, mit dem er bereits seit Jahren in Kontakt stand. Mit dem Frieden von Jaffa im Februar 1229 erreichte Friedrich als erster Herrscher der Geschichte die friedliche, diplomatische Übergabe Jerusalems und weiterer Landstriche.[25] Die Kirche war von der friedlichen Übergabe per Vertrag nicht begeistert, was Gerold mit dem Interdikt über Jerusalem beweist. Am 17. März 1229 zog der Kaiser mit seinen Kreuzfahrern und den christlichen Pilgern feierlich in die altehrwürdige Stadt ein.[26] Am nachfolgenden Tag ging Friedrich II. in der Grabeskirche von Jerusalem unter die Krone. Noch am selben Tag verfasste er das kaiserliche Rundschreiben Letentur in Domine und schickte es an die bedeutenden Herrscher Europas, wie auch an den Papst Gregor IX.[27]

---

[19] Vgl. Stürner, Friedrich II. 2, 2003 S. 91.
[20] Vgl. ebd. S. 95.
[21] Vgl. Houben, Kaiser Friedrich II. (1194–1250), S. 46.
[22] Vgl. ebd. S. 47.
[23] Z. Mayer, Geschichte der Kreuzzüge, 2005, S. 275.
[24] Vgl. ebd.
[25] Vgl. Hechelhammer, Kreuzzug und Herrschaft unter Friedrich II. S. 285-289.
[26] Vgl. Rader, Olaf B., Kaiser Friedrich II., 2012 S. 31.
[27] Vgl. Sommerlechner, Andrea, Stupor mundi?. 1999 S. 303.

3 Das Rundschreiben Friedrich II.

3.1 Datierung und Überlieferung

Das Manifest wird auf den 18. März 1229 datiert.[28] In der Version an den Papst wird nur Ort, römische Tagesangabe und Indiktion verwendet. Das Jahr wird ausgelassen. Eine Indiktion, auch Römerzinszahl genannt, ist ein früher oft gebräuchliches Datierungsmittel, welches in dem römischen Steuersystem seinen Anfang findet und auf einen 15-jährigen Zyklus basiert. Im Gegensatz dazu wird in der Version für den englischen König der Inkarnationsstil, dem Tag der Geburt (Fleischwerdung) verwendet, also das Jahr 1229 angegeben.[29] Zu beachten ist, dass der 18. März 1229 dem Julianischen Kalender zugeordnet werden muss, da der aktuelle Gregorianische Kalender erst 1582 in Kraft trat. Der Gang zur Grabeskirche mit dem Tragen der Krone und das Rundschreiben, da es am selben Tag der „Krönung" verlesen wurde, werden auf den Fastensonntag oculi mei datiert.[30] Der selbige ist der Festtag des jerusalemer Lokalheiligen Alexander.[31]

Die gegebene Quelle ist in der Historia Diplomatica Frederici Secundi von Jean L. A. Huillard-Bre´holles gedruckt wurde. Es handelt sich um dieselbe Version des Rundschreibens, welches Friedrich an den Papst sandte, nicht jedoch um das Original, sondern eine Abschrift. Die Version, die an den englischen König gesandt wurde, kann man z.B. in Roger von Wendovers Flores Historiarum nachlesen. Übersetzt wurde die Schreiben z.B. von Klaus Eickels und Tania Brüsch.

---

[28] Vgl. Hechelhammer, Kreuzzug und Herrschaft unter Friedrich II. S. 300.
[29] Vgl. Eickels, Klaus van/ Brüsch, Tania, Kaiser Friedrich II.. Leben und Persönlichkeit in Quellen des Mittelalters, Artemis & Winkler Verlag, 2006 S. 194.
[30] Vgl. Stürner, Friedrich II. 2, 2003 S. 158.
[31] Vgl. Hiestand, Rudolf, Friedrich II. und der Kreuzzug, in: Friedrich II.. Tagung des Deutschen Historischen Instituts in Rom im Gedenkjahr 1994, hrg. von Arnold Esch und Norbert Kamp, Tübingen: Niemeyer, 1996 S. 146.

3.2 Inhaltsanalyse

Das Kreuzzug-Manifest soll Friedrichs Glauben bezeugen und seine erfolgreichen Bemühungen bekunden. Eine Versöhnung mit dem Papst ist seine beste Aussicht. Stellt sich die Frage wie er den Papst zu einer Aufhebung der Exkommunikation bringt. Wie üblich beginnt die Einleitung mit einer Begrüßung.[32] Folgend wird eine Belobigung Friedrichs sowie im nächsten Absatzes Gottes angesprochen.[33] Genauer spricht Friedrich von Wundern, die zu einem glücklichen Ausgang führten. Wunder allein sind jedoch nicht für den Sieg Friedrichs verantwortlich. In dem Rundschreiben beschreibt sich Friedrich oft als von Gott auserwählt. Wenn man zwischen den Zeilen liest, erkennt man klar die Absicht Friedrichs sich als wahren Christen zu erhöhen. Dem Papst könnten man somit zu einer Absolution verleiten. Auch zu diesem Zweck werden die vorangegangenen Kreuzzüge erwähnt und jenem erfolgreichen Kreuzzug gegenübergestellt.[34] Zwischen dieser Einleitung und dem kerntragenden Hauptteil folgt eine Übergangsformel. Im angesprochenen Hauptteil behandelt Friedrich II. die zwei grundlegenden Ursachen, die dem Anschein tragen zum Sieg geführt zu haben. Zum einen macht Friedrich das Wetterwunder verantwortlich. Dem Manifest zufolge beginnt der Kreuzzug unter schwierigen Bedingungen. Nach Friedrich war „der Nachschub dieser Fahrzeuge acht Tage lang den Kämpfern Christi und den Verteidigern des christlichen Glaubens aufgrund [...][ihrer] Sünden gesperrt."[35] Gottes Gnaden war es, der den Wetterumschwung in ein Wunder verwandelte.[36] Resultierend konnte eine Versorgungsroute aufgebaut werden und der Kreuzzug einen würdigen Auftakt bekommen.[37] Zum anderen informiert das Rundschreiben von dem Kriegswichtigen Vertrag mit Al-Kamil. Zuerst zum Vertrag hinführend, wird über das Zustandekommen geschrieben. Da ein bedeutender Teil der christlichen Hoheit einer friedlichen Lösung im Heiligen Land negativ gegenübersteht, ist das gesamte Rundschreiben voll von Schmeicheleien, Begründungen und Preisungen Gottes, wie auch Friedrichs. Weiterhin werden die Vertragsbedingungen dargestellt. Währenddessen wird über deren Verwendung und Vorteile gesprochen. So schreibt Friedrich nicht nur von der

---

[32] Vgl. Eickels, Klaus van/ Brüsch, Tania, Kaiser Friedrich II. 2006. S. 189.
[33] Vgl. ebd.
[34] Vgl. ebd.
[35] Z. ebd. S. 190.
[36] Vgl. ebd.
[37] Vgl. ebd.

Wiedereinnahme Jerusalems und anderer wichtiger Stätten und Ländereien, sondern betont deren strategischen Bedeutung.[38] Sie waren „fruchtbarer als die anderen Gegenden"[39] und „weil dort ein Hafen ist und von dort Waffen [...] gebracht wurden"[40]. Ein Punkt, der auf breite Ablehnung stößt, ist die Ausnahme des Tempels, der in Besitz der Moslems bleibt.[41] Ein Leitpunkt, den Gerold in seinem Schreiben an den Papst über seine Abneigung des Kreuzzuges liefert. Am Ende des Hauptteils werden weitere wichtige Informationen aufgezählt, die den Vertrag vom 18. Februar 1229 betreffen. Anzusprechen wäre die Verlautbarung eines Waffenstillstandes für 10 Jahre, sowie den Fakt, dass die christlichen Burgen und Mauern wiederaufgebaut werden dürfen und Al-Kamil selbiges verweigert wird.[42] Teil des Vertrages ist die Rückgabe aller Gefangenen, auch derer aus dem Kreuzzug von Damiette.[43] Interpretierbar ist die Wahl der zwei Punkte für den Hauptteil. Während das Wetterwunder Gott zugeschrieben wird, ist der Vertrag auf Friedrich zurückzuführen. Womit eine Komposition aus beidem zum Sieg führt. Zum Schluss ist interessant, inwiefern Friedrich den Orden Beachtung schenkt. Während Gerold und die Orden vor Ort mit wenigen Worten abgespeist werden, wird der Deutschorden lobend hervorgehoben.[44] Anschließend scheint Friedrichs Intention des Manifestes zum Vorschein. „Ehre sei Gott in der Höhe und Frieden den Menschen auf Erden, die eines guten Willens sind"[45] Wahrscheinlich, dass Friedrich beim Papst einen guten Willen erwirken wollte. Der anstrebenden Aufhebung des Kirchenbanns und zur Vermeidung weiterer Spannungen zufolge, betont Friedrich er sei als „katholischer (d.h. universaler und rechtgläubiger) Kaiser" in Jerusalem einmarschiert und habe dort die Krone getragen.[46] Es ist wichtig, dass hierbei auf die Übersetzung „tragen" zurückgegriffen wird, worauf ich im Weiteren noch genauer eingehen werde. Das Manifest endet mit der bereits angesprochenen Datierung.

---

[38] Vgl. Eickels, Klaus van/ Brüsch, Tania, Kaiser Friedrich II. 2006. S. 191f.
[39] Z. ebd. S. 191.
[40] Z. ebd. S. 192.
[41] Vgl. ebd. S. 191.
[42] Vgl. ebd. S. 192.
[43] Vgl. ebd. S. 193.
[44] Vgl. ebd. S. 192.
[45] Z. ebd. S. 192.
[46] Z. ebd.

3.3 Bezugnahme

Das Rundschreiben, eine Initiative des Kaisers zur Besänftigung des Papstes, kann nicht nur durch original erhaltenen Dokumente bewiesen werden. Friedrichs Jerusalem-Manifest, eine Reaktion auf die anhaltende Exkommunikation, und seine Taten sind Auslöser und auch Inspirationen weiterer überlieferter Dokumente. Beispielhaft zu nennen sind Gerold von Jerusalem oder Roger von Wendover. Der englische Chronist Wendover ist ein ambitionierter Freund der kaiserlichen Position. Eickels ist der Meinung Wendover war von den Rechtfertigungsschreiben Friedrichs überzeugt worden.[47] Er schreibt ausführlich über das Rundschreiben in seiner Flores Historiarum. In jener fügt er die Version des Kreuzzugsschreiben an den englischen König mit vollständigen Text ein.[48] Die Schlussfolgerung Wendovers: „Friedrich erscheint als Werkzeug Gottes, seine Gegner als vom Teufel angestiftete Widersacher."[49] Eine Reaktion, die Friedrich sicherlich allzu gerne ausgelöst hatte. Im Gegensatz vertritt Gerold die Seite der ablehnenden Oberschicht. In einem Brief an den Papst versucht er seine Sicht der Gegebenheiten zu erklären, was an dem Vertrag mit al-Kamil falsch ist und wie papsttreu z.b. die Templer seien. In manchen Argumenten das komplette Gegenteil zu Friedrichs Schreiben. „When agreements were finally reached and the results made public, it was obvious that al-Kamil had given more than he had gained, that he had gone over as far as could have been expected to the Christian side of the bargaining table."[50] Wenn man den Vertrag und die Hintergründe kennt, ist offensichtlich, dass Cassady mit seiner Behauptung Recht hat. Umso unverständlicher ist Gerolds ablehnende Haltung. Ob es lediglich die andere Religion ist, die stört oder ein anhaltendes hunderte Jahre altes Misstrauen, kann man interpretieren. Überzeugender ist das Argument Powells. „Gerold was not so much concerned that Frederick wore the crown as with the circumstances under which he did so: namely that he was excommunicated and was acting contrary to the commands of the patriarch."[51] Als hochrangiger Geistlicher ist es gewiss nicht oft gesehen, dass andere sich

---

[47] Vgl. Eickels, Klaus van/ Brüsch, Tania, Kaiser Friedrich II. 2006. S. 173.
[48] Vgl. ebd.
[49] Vgl. ebd.
[50] Cassady, Richard F., The Emperor and the Saint. Frederick II of Hohenstaufen, Francis of Assisi, and Journeys to Medieval Places, Illinois: Northern Illinois University Press, 2011. S. 278.
[51] Powell, James M., Patriarch Gerold and Frederick II: the Matthew Paris letter, in: Journal of Medieval History, 25, 1, S. 19-26, 1999. S. 23.

einem erfolgreich Widersetzen. Folglich setzt er seine Macht ein, um Friedrich II. zu bestrafen, indem er über die Stadt Jerusalem und seine Bevölkerung ein Interdikt verfügt.

4 Eine Verlautbarung zur Versöhnung?

Bei solch vielen Gottespreisungen und Belobigung seiner Taten ist die Absicht Friedrichs II. auf Frieden mit dem Papst allzu ersichtlich. Das Rundschreiben wurde, wie das darauffolgende Schreiben des Patriarchen Geralds, aus einer Notwendigkeit heraus verfasst – einer Lösung zugeneigt. So kann es zu Verzerrungen bzw. Subjektivität kommen. Nicht ohne Grund benutzt er in seinem Manifest die ungebräuchliche Wortwahl „Krone tragen", um der Konfliktvermeidung sicher zu gehen.[52] Auch in der Fachliteratur ist von keiner Gegenreaktion die Rede, weshalb es als unwahrscheinlich gilt, dass seine Wortwahl als eine Selbstkrönung interpretiert wurde.[53] Auch in dem Wissen, dass seit dem Tod seiner Frau, sein Sohn den Titel König von Jerusalem trägt.[54] Friedrich war nur noch förmlich Verwalter des Kreuzfahrerstaates. Des Weiteren kann man die Versöhnungsabsichten an seinen Taten erkennen. Auf Anraten des Friedensvermittlers und Deutschordensmeister Hermann von Salza betrat Friedrich II. die Kirche für die Königsdarstellung erst nach dem Gottesdienst.[55] Durch die Exkommunikation, der Ausschließung von allen kirchlichen Aktivitäten, wäre es ein zu großer Affront gegen den Papst gewesen. Weiterhin begründet Friedrich II. das Tragen der Krone nicht mit eigenen Wünschen, sondern um die Ehre und den Ruhm Gottes zu preisen. Ein Argument, welches zu bezweifeln ist, wenn man das Rundschreiben an den englischen König miteinbezieht, aber überzeugend in der Version des Papstes wirken könnte. Die Intentionsausschreibung des Letentur in Domine zeigt sich in den verschiedenen Versionen seines Rundschreibens. In der gegebenen Quelle ist der Inhalt klar auf den Papst zugeschnitten. „[...] [N]ach Auffassung Friedrichs II. [ist] das Wirken Gottes durch den glücklichen Ausgang des Kreuzzuges sichtbar geworden, der somit sein Handeln gerechtfertigt hat, weshalb er auch die Hoffnung hegte, daß der Papst dieses ebenso erkennen würde."[56] Nichtsdestotrotz wird Friederich II. dem Schreiben in eine überirdische Stellung befördert. Im Gegensatz dazu scheint in der Version für den englischen König die Interpretation der Selbstkrönung nicht für ausgeschlossen.[57] Zu stark verknüpft Friedrich sich mit dem Königtum

---

[52] Vgl. Eickels, Klaus van/ Brüsch, Tania, Kaiser Friedrich II. 2006. S. 192.
[53] Vgl. Hechelhammer, Kreuzzug und Herrschaft unter Friedrich II. S. 301.
[54] Vgl. Stürner, Friedrich II. 2, 2003 S. 158.
[55] Vgl. Hechelhammer, Kreuzzug und Herrschaft unter Friedrich II. S. 300.
[56] Vgl. ebd. S. 304.
[57] Vgl. ebd. S. 302.

Davids.[58] Eine Art Nachfolge, der er sich hingibt. Somit ist das Rundschreiben Adressaten gebunden. Sicherlich entsprang der Gedanke der Version für den englischen König in der Höherstellung seiner Position gegenüber den anderen Großen Europas. Doch auch ohne das Rundschreiben hat Friedrich seine Herrschaftslegitimation gut inszeniert. „Bedenkt man die politische Kraft der Symbolik, gelang es Kaiser Friedrich II. durch den Krönungsakt in der Grabeskirche eindrucksvoll, trotz fehlender Erstkrönung und des politischen Zwangs, auf jegliche Art kirchlich-religiöser Implikation verzichten zu müssen, seinen Anspruch auf Jerusalem in reale Herrschaft sichtbar umzuwandeln [...]"[59], schrieb Hechelhammer passend zu Friedrichs Machtsicherung. Der Streit mit dem Papst nimmt bei Übergriffen auf das Regnum Friedrichs weiter zu. Die Friedensbemühungen intensivieren sich infolgedessen nach dem erfolgreichen Kreuzzug. Der Kaiser schickt oftmals Boten und auch Hermann von Salza versucht den Konflikt ein für alle Mal zu beenden.[60] Hierbei lässt sich ein wichtiger Punkt erkennen, der Friedrichs Willen auf Schlichtung belegt. In den Gesprächen zu einem Vertrag der Bannaufhebung erklärte er „[...] alle ihm bis dahin bekannten päpstlichen Bedingungen zu erfüllen und damit eine gewiß schmerzliche Schmälerung seiner herrschaftlichen Gewalt im Regnum in Kauf zu nehmen."[61] Ein gewagter Schritt der viel Risiko birgt. Doch hat es sich gelohnt. Am 28. August 1230 wurde der Frieden im Vertrag von San Germano geschlossen, der beinahe ein Jahrzehnt lang halten wird.[62]

[58] Vgl. Eickels, Klaus van/ Brüsch, Tania, Kaiser Friedrich II. 2006. S. 193.
[59] Z. Hechelhammer, Kreuzzug und Herrschaft unter Friedrich II. S. 303.
[60] Vgl. Mayer, Geschichte der Kreuzzüge, 2005, S. 181.
[61] Z. ebd. S. 183
[62] Vgl. Houben, Kaiser Friedrich II. (1194–1250), S. 55.

5   Schlussbetrachtung

Am Ende meiner Arbeit stelle ich die vorherrschende Themenfrage noch einmal in den Vordergrund. Setzte Friedrich II. das Letentur in domine in der Hoffnung auf eine baldige Versöhnung mit den Papst auf? Wollte er sich dem Papst gegenüber Hierarchisch höherstellen?

„Denn auch Friedrich, der schon seit 1225 gekrönter König von Jerusalem war, schien es besonders wichtig gewesen zu sein, mit majestätischer Geste und unter der Entfaltung kaiserlicher Pracht die Herrschaft des abendländischen Caesars über das Grab des Erlösers in aller Öffentlichkeit zu demonstrieren."[63]

Ein Zitat, welches von Olaf B. Rader stammt, einem Biografen Friedrichs II. Seine Worte spiegeln Friedrichs Charakter wider. Nicht ohne Bedeutung läuft sein Rundschreiben an den englischen König vor Selbstüberhöhung über. Der Inhalt seines Schreibens ist Adressatenabhängig. Und obwohl Friedrich die Krone selbstverständlich nicht nur für Gott trug, entstand das Manifest, genauer die Version für den Papst, in seinen jahrelangen Bestrebungen die Exkommunikation aufzuheben. Das erwähnte Wetterwunder ist nur eine der vielen Punkte im Manifest, welche auf die Erhabenheit Gottes schließen sollen. Zusammen mit dem von Friedrich II. ausgehandelten Vertrag mit al-Kamil, zeige das Rundschreiben, eine vereinte Kooperation führe zum Erfolg. Als Extra erlang der Kaiser seine Ziele ohne großes Blutvergießen. In der Welt der Christenheit ungern gesehen. Hochrangige Geistliche wie Gerold von Jerusalem bewiesen ihren Unmut über die anbahnende Kooperation. Interessant ist der hohe Unterschied zwischen den früheren und den heutigen Biografen Friedrichs. Wenn der Biograf Friedrichs Kantorowicz noch behauptet hat, der Kaiser habe sich einer Zeremonie der Selbstkrönung unterzogen, und diese mit der Selbstkrönung Napoleons verglichen[64], stützt sich Olaf Rader auf das aktuelle Wissen, dass es lediglich um die seltene Variante des unter-die-Krone-gehens handelt.[65] Jene Diskussion wurde maßgeblich von Hans Eberhard Mayer beeinflusst.

---

[63] Rader, Kaiser Friedrich II., 2012. S. 31.
[64] Kantorowicz, Kaiser Friedrich der Zweite, 1927. S. 183.
[65] Rader, Kaiser Friedrich II., 2012 S.31.

6 Quellen- und Literaturverzeichnis

Quellen:

Huillard-Bréholles, Jean Louis Alphonse: Historia diplomatica Friderici secundi., Bd. III.1, S. 96-99, Übersetzung von Klaus van Eickels, Kaiser Friedrich II.. Leben und Persönlichkeit in Quellen des Mittelalters, Artemis & Winkler Verlag, 2006, S. 189-194

Literatur:

Abulafia, David, Frederick II. A Medieval Emperor, London: Allen Lane The Penguin Press, 1992

Cassady, Richard F., The Emperor and the Saint. Frederick II of Hohenstaufen, Francis of Assisi, and Journeys to Medieval Places, Illinois: Northern Illinois University Press, 2011

Eickels, Klaus van/ Brüsch, Tania, Kaiser Friedrich II.. Leben und Persönlichkeit in Quellen des Mittelalters, Artemis & Winkler Verlag, 2006

Görich, Knut, Die Staufer. Herrscher und Reich, 4. Auflage, München: C.H. Beck, 2019

Hechelhammer, Bodo: Kreuzzug und Herrschaft unter Friedrich II. Handlungsspielräume von Kreuzzugspolitik (1215–1230) (= Mittelalter-Forschungen. Band 13). Ostfildern: Jan Thorbecke Verlag, 2004

Hiestand, Rudolf, Friedrich II. und der Kreuzzug, in: Friedrich II.. Tagung des Deutschen Historischen Instituts in Rom im Gedenkjahr 1994, hrg. von Arnold Esch und Norbert Kamp, Tübingen: Niemeyer, 1996

Houben, Hubert, Kaiser Friedrich II. (1194–1250). Herrscher, Mensch, Mythos. Stuttgart 2008

Kantorowicz, Ernst, Kaiser Friedrich der Zweite, Berlin 1927

Mayer, Hans Eberhard, Geschichte der Kreuzzüge. 10. Ausgabe, Stuttgart: Kohlhammer, 2005

Powell, James M., Patriarch Gerold and Frederick II: the Matthew Paris letter, in: Journal of Medieval History, 25, 1, S. 19-26, 1999

Rader, Olaf B., Kaiser Friedrich II., München: C.H. Beck, 2012 (E-Buch Edition. Aus dem Universitätsnetz am 22.09.2020 heruntergeladen)

Runciman, Steven, Geschichte der Kreuzzüge, übersetzt von Peter de Mendelssohn, München: C.H. Beck, 2019

Sommerlechner, Andrea, Stupor mundi?. Kaiser Friedrich II. und die mittelalterliche Geschichtsschreibung, Wien: Verl. der Österreichischen Akademie der Wissenschaften, 1999

Stürner, Wolfgang, Friedrich II., 1 Die Königsherrschaft in Sizilien und Deutschland, 1194-1220, Darmstadt: Primus-Verlag, 2003

Stürner, Wolfgang, Friedrich II., 2 Der Kaiser 1220-1250, Darmstadt: Primus-Verlag, 2003